우리 몸을 만드는 줄기세포 이야기

줄기세포는 우리 몸 어디에나 있다!

글 어빙 와이스먼
(스탠퍼드대학교 줄기세포생물학 재생의학연구소 소장)

편역 최강열
(연세대학교 생명시스템대학 생명공학과 교수)

그림 버나스 몬테이스, 유유친

다섯수레

Stem Cells Are Everywhere

Text Copyright © 2016 by Irving Weissman M.D
Illustrations copyright © 2016 by Barnas Monteith, Yu-Yu Chin
All rights reserved.
Tumblehome Learning Inc.

Korean translation Copyright © 2017 by Daseossure Publishing Co. Ltd.
This Korean Language Edition is published by arrangement with Tumblehome Learning Inc.
through The Agency Sosa

이 책의 한국어판 저작권은 에이전시 소사를 통해 Tumblehome Learning Inc.과 독점 계약한
다섯수레 출판사에 있습니다. 저작권법에 의해 한국 내에서 보호를 받는 저작물이므로
무단전재와 무단복제를 금합니다.

모든 살아 있는 생명체들은 **세포**들로 구성되어 있어요. 개구리, 물고기, 새, 거미, 잠자리, 물 위에 떠 있는 수련 등 동물과 식물은 모두 자신만의 독특한 세포들로 이루어져 있어요.

우리 몸의 뼈, 심장, 근육, 뇌 같은 모든 장기들도 세포들로 이루어져 있습니다.

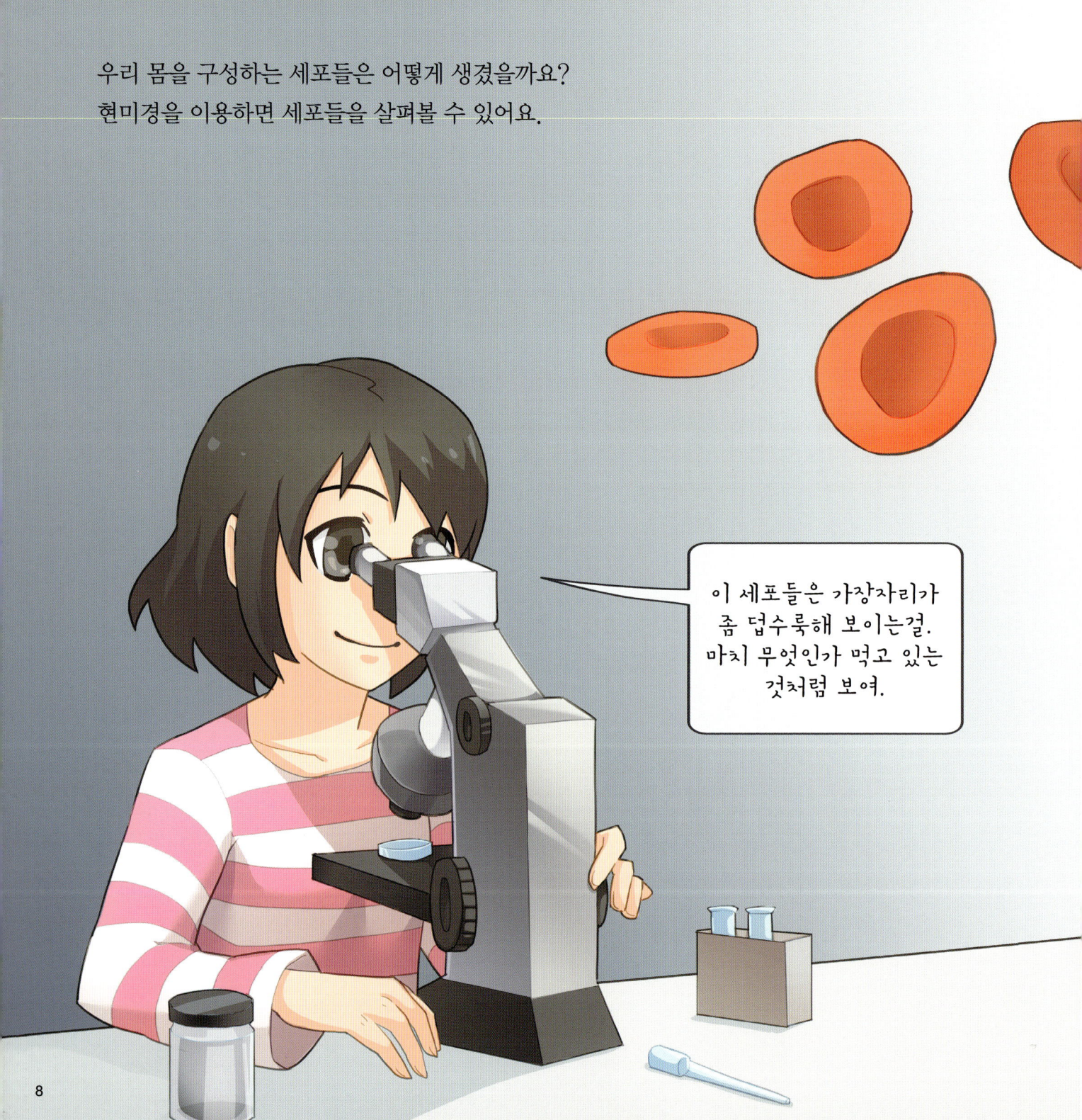

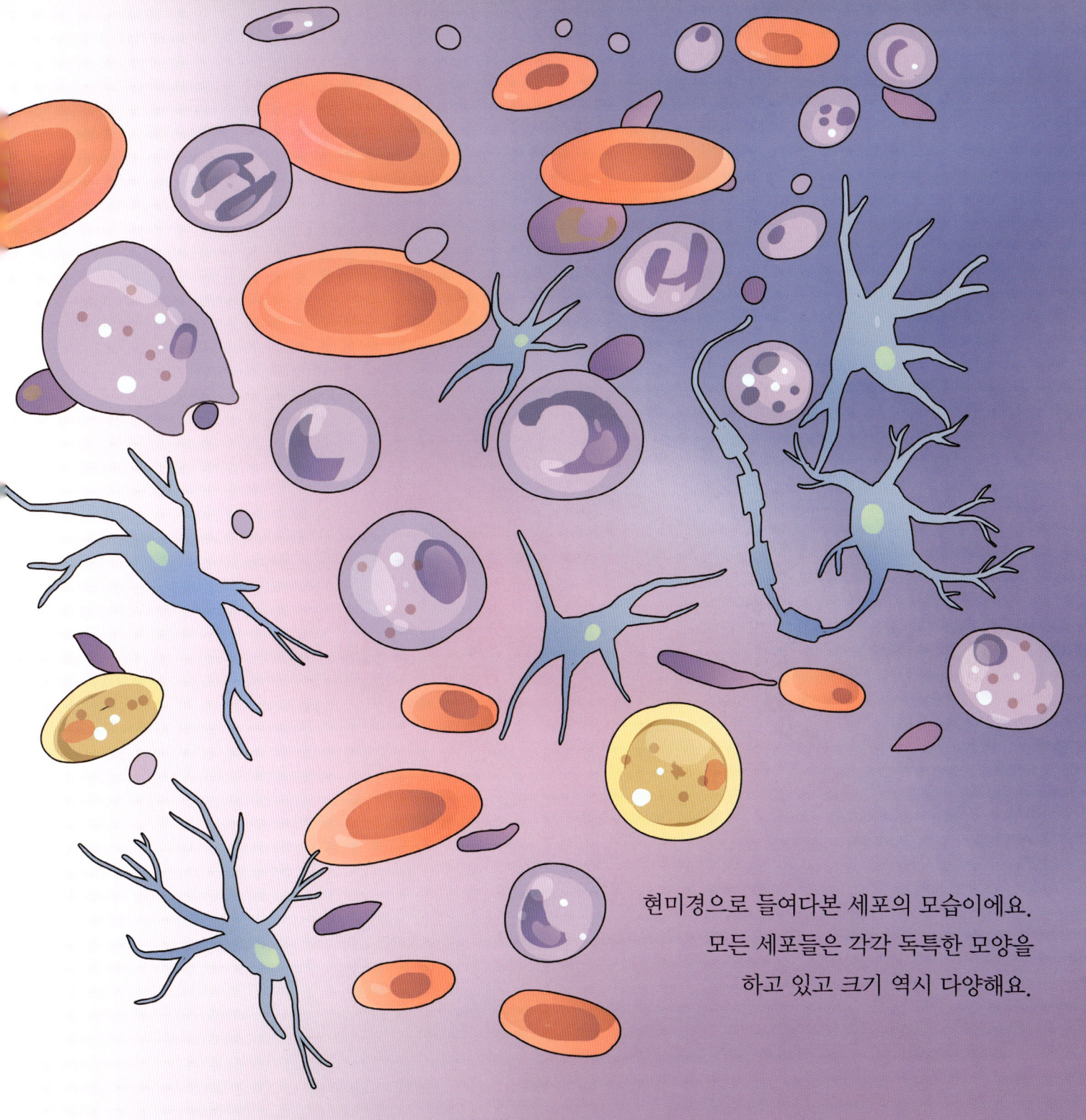

현미경으로 들여다본 세포의 모습이에요.
모든 세포들은 각각 독특한 모양을
하고 있고 크기 역시 다양해요.

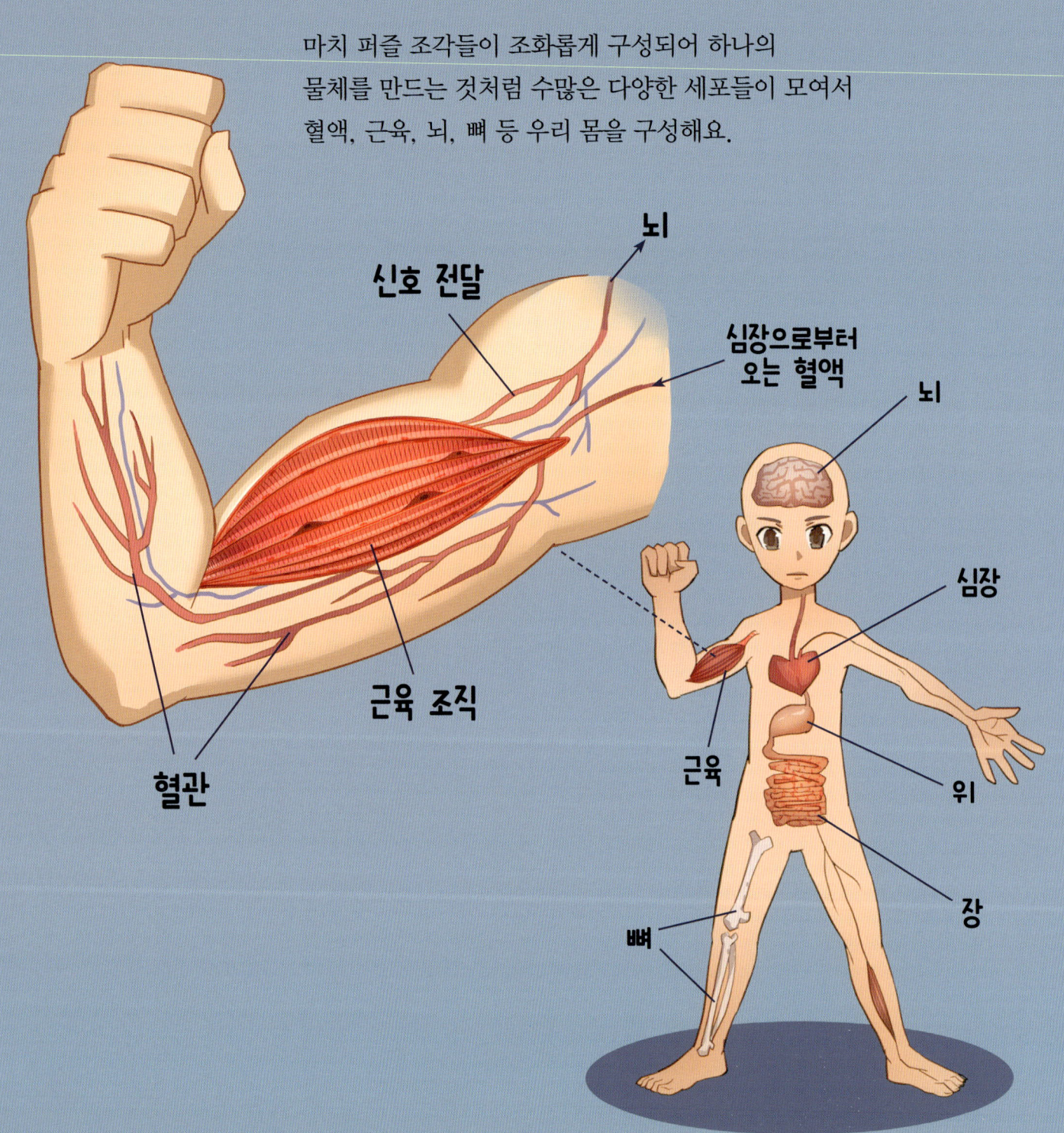

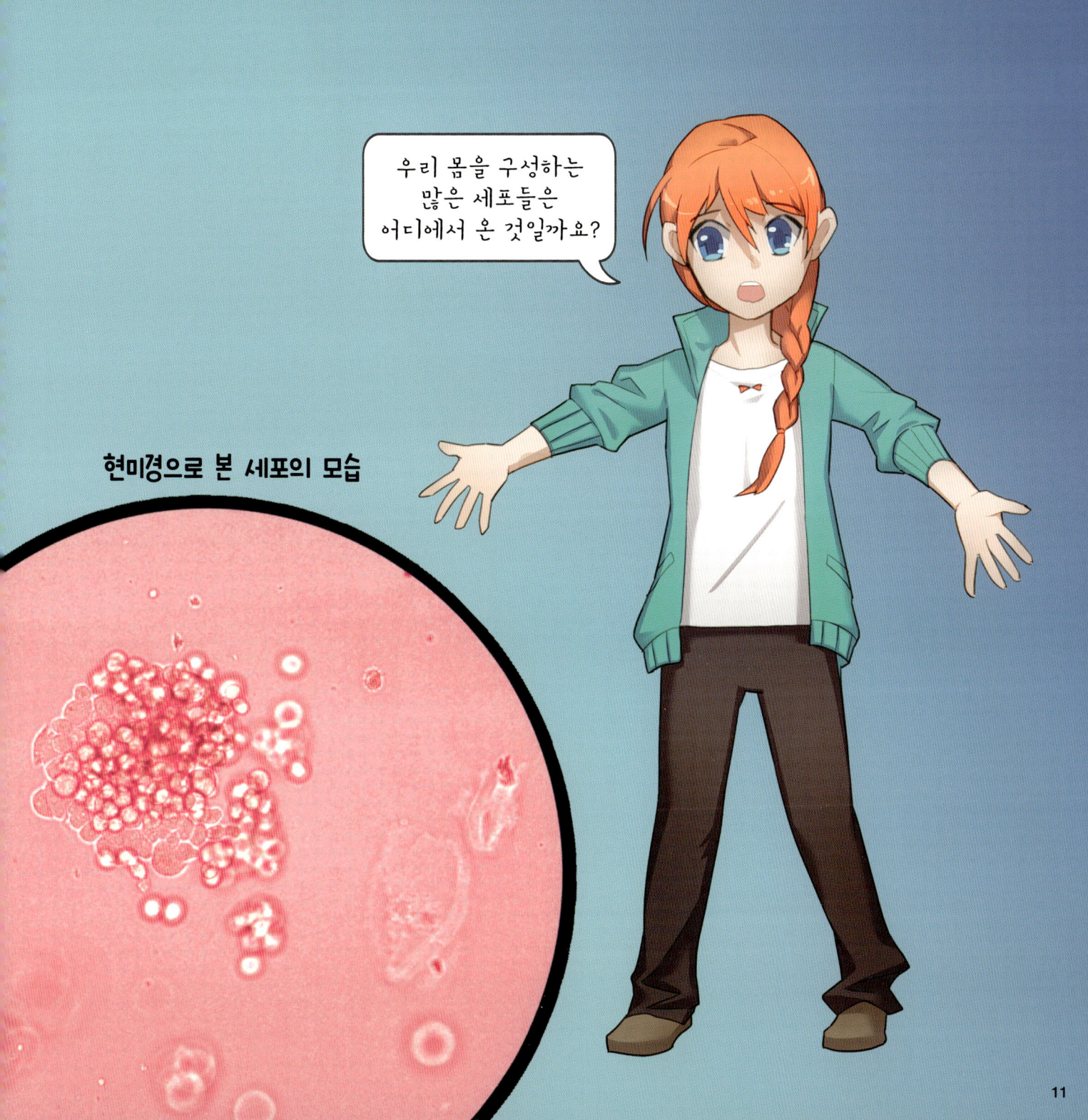

바로, **줄기세포**예요!
우리 몸의 모든 세포들은 줄기세포로부터 생성되었어요.
줄기세포는 무엇일까요?
줄기세포는 어디에 있을까요?

줄기세포는 뼈, 혈액, 근육 그리고 피부 등 우리 몸의 어디에나 있어요.
우리 몸의 조직과 장기에는 고유의 줄기세포들이 있어요.

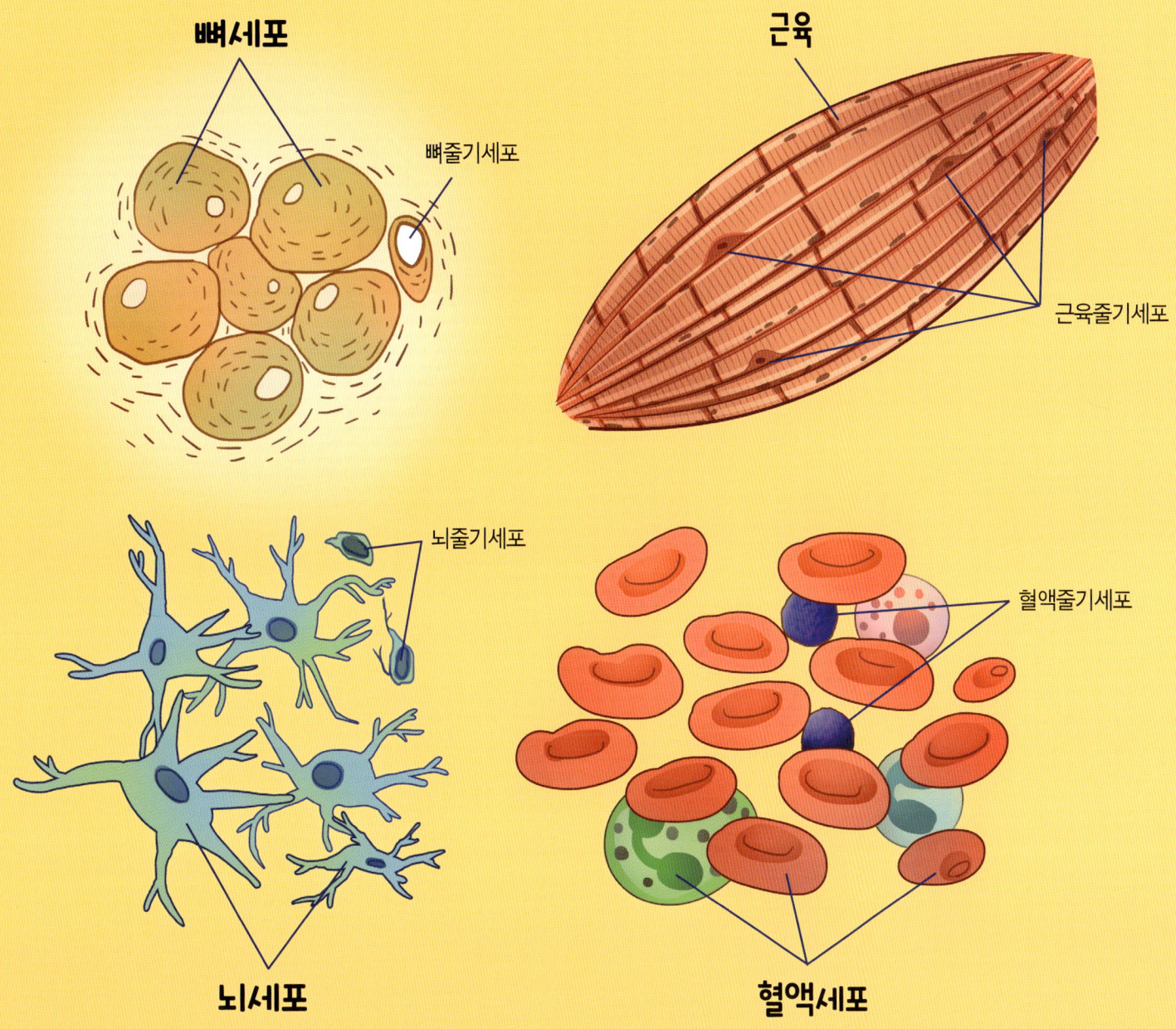

골수는 사람 뼈 사이의 공간을 차지하고 있는 부드러운 조직이에요. 골수에 있는 줄기세포들은 적혈구, 백혈구, 혈소판 같은 혈액세포들을 만들어요.

골수
혈액을 만드는 줄기세포가 있는 곳이에요.

뼈

줄기세포들

혈소판
혈액의 응고나 지혈 작용을 담당해요.

적혈구
혈액 속에서 산소를 나르는 역할을 해요.

혈관

림프구
백혈구의 한 종류예요. 백혈구 가운데 약 1/4을 차지하는 세포예요. 병원균이 몸에 침입하면 기억해 두었다가 다시 침입할 때 재감염을 막아 주는 면역반응을 담당하는 세포예요.

모노사이트
백혈구의 일종인 커다란 세포로 마크로파아지(대식세포)로 변화해요.

뉴트로필
감염에 대항하여 싸워요.

마크로파아지(대식세포)
위험한 세포나 죽어 가는 세포를 포식하여 제거해요.

뼈나 힘줄에 붙어 있는 골격근에도 줄기세포들이 있어요.
이 줄기세포들은 부러진 뼈가 잘 붙을 수 있게 도와주고,
뼈 사이에서 완충 작용을 하는 스펀지 같은
연골 조직을 만들기도 해요.

뇌의 줄기세포로부터 만들어진 뇌세포들은 우리가 읽고 쓰고 배우고 생각할 수 있도록 모든 두뇌 활동을 가능하게 해요.

나이가 들어갈수록 우리 몸의 줄기세포들은 어떻게 변할까요?
사람은 나이가 들면 건망증이나 치매 같은 질병으로 어려움을 겪어요. 과학자들은 이와 같은 질병이 우리 몸의 줄기세포가 점점 없어지기 때문에 생기는 일은 아닌지 계속 연구하고 있어요.

여기가 어디지?

아이, 할머니도! 여기는 우리 집이잖아요.

씨앗

식물에도 줄기세포가 있을까요?
씨앗이 자라는 과정을 살펴보면
식물에도 줄기세포가 있다는 걸 알 수 있어요.

— 떡잎

— 잎

— 뿌리

씨앗을 화분에 심고 관찰해요.

줄기세포는 **분열**을 통해 자기 스스로 증식해요.
이러한 과정을 '자가증식'이라고 해요.

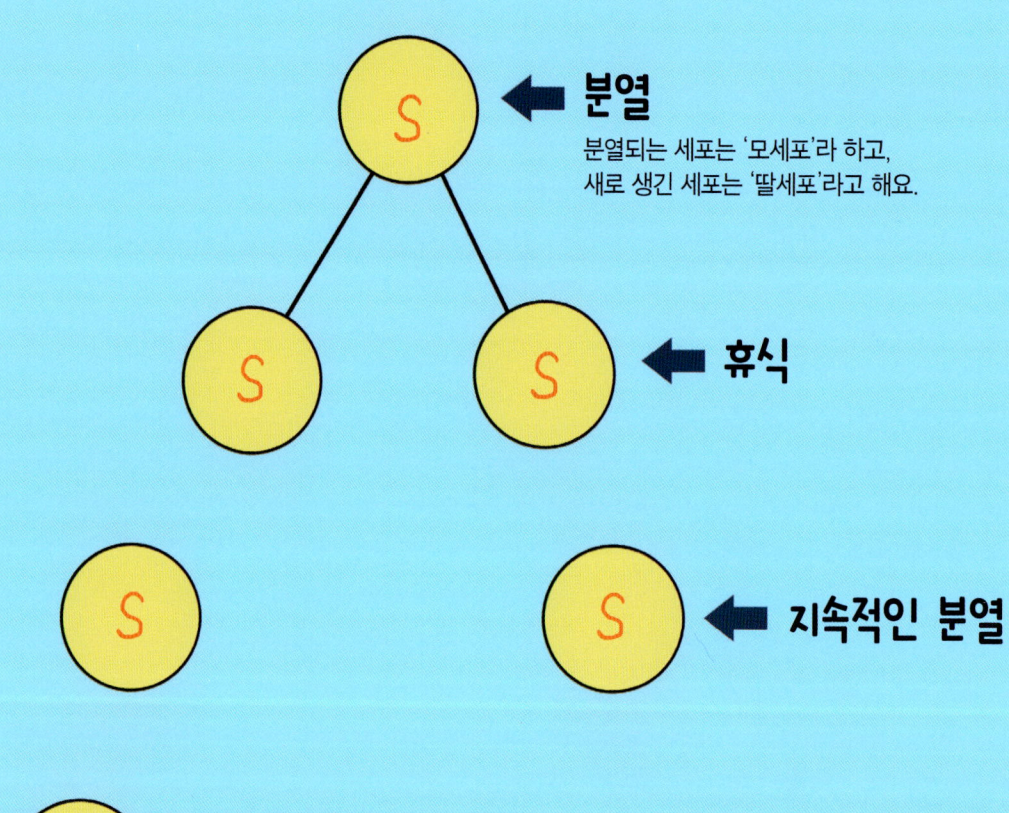

← 분열
분열되는 세포는 '모세포'라 하고,
새로 생긴 세포는 '딸세포'라고 해요.

← 휴식

← 지속적인 분열

= **줄기세포(Stem Cell)**

줄기세포는 자기 스스로 분열 증식하며, 혈액세포나 근육세포 등
특정한 기능을 수행하는 세포로 변신할 준비를 합니다.
줄기처럼 여러 갈래로 변신해 나갈 수 있어서 '줄기세포'라고 하지요.

줄기세포는 보통 때에는 가만히 있거나 분열을 통해 자신과 같은 세포를 계속 만들어 내요. 줄기세포는 장기와 조직이 손상되었을 때 손상된 세포들을 대체할 수 있는 잠재력을 지닌 세포들이에요.

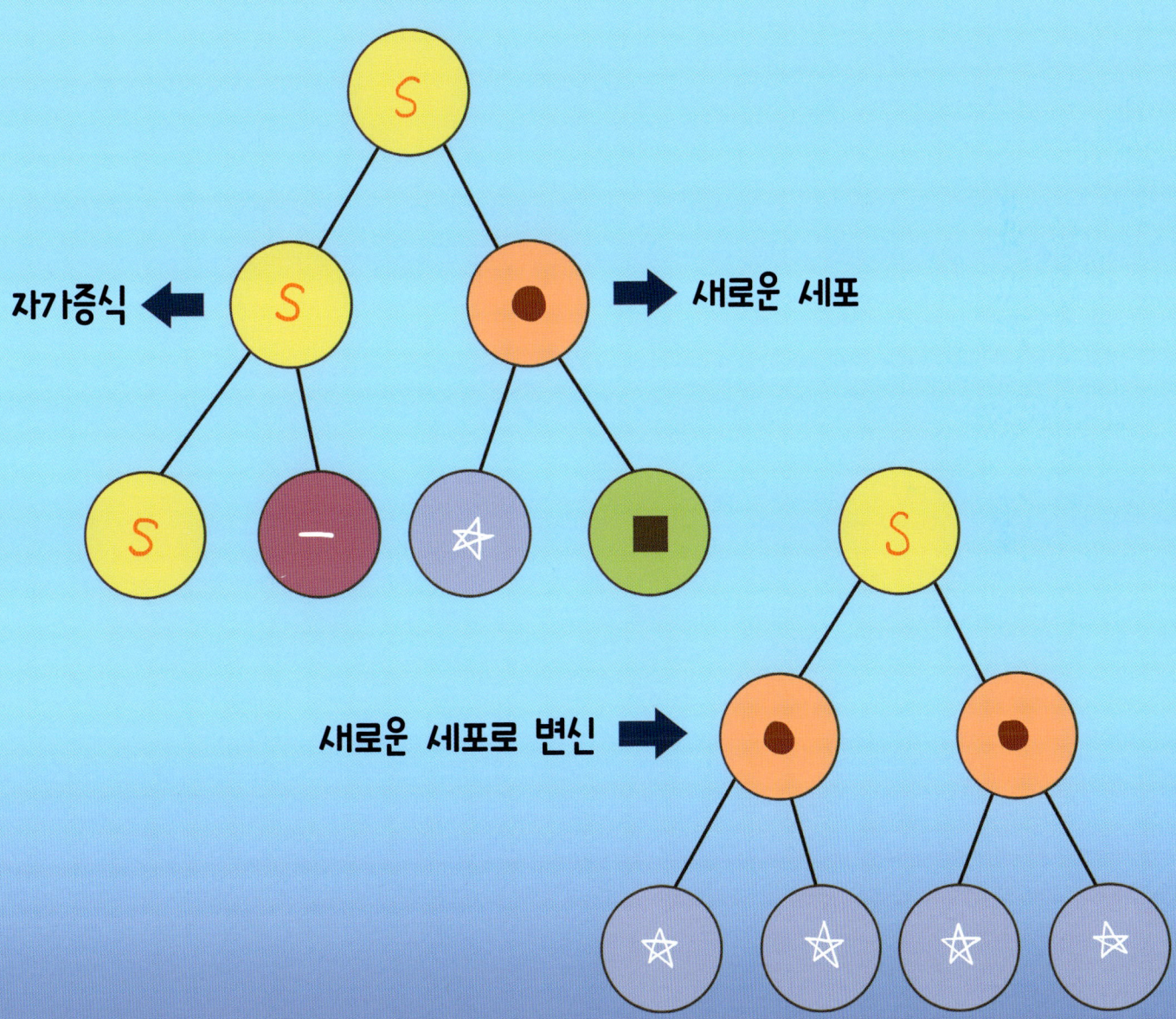

우리 몸의 줄기세포들은 모두 같을까요?
혈액줄기세포들은 근육줄기세포나 뇌줄기세포들과 달라요.
어떤 조직이나 장기에 있느냐에 따라 서로 다른 잠재력을 가지고 있어요.
각각의 장기에 있는 줄기세포들은 그 부위에 있는 특정 기능을 수행하는
세포들로 변할 수 있는 특징을 가지고 있어요.
우리 몸의 모든 줄기세포들은 맨 처음 정자와 난자가 수정되어 만들어지는
수정란이 **세포분열**을 하면서 만들어져요. 수정란에 생성되는 줄기세포를
'**배아줄기세포**'라고 하지요. 배아줄기세포들은 지속적으로 분열하면서,
일정 기간 수정란에 존재하는데 우리 몸의 모든 종류의 세포들로
변신할 수 있는 잠재력을 지닌 일종의 만능세포들이라고
할 수 있어요.

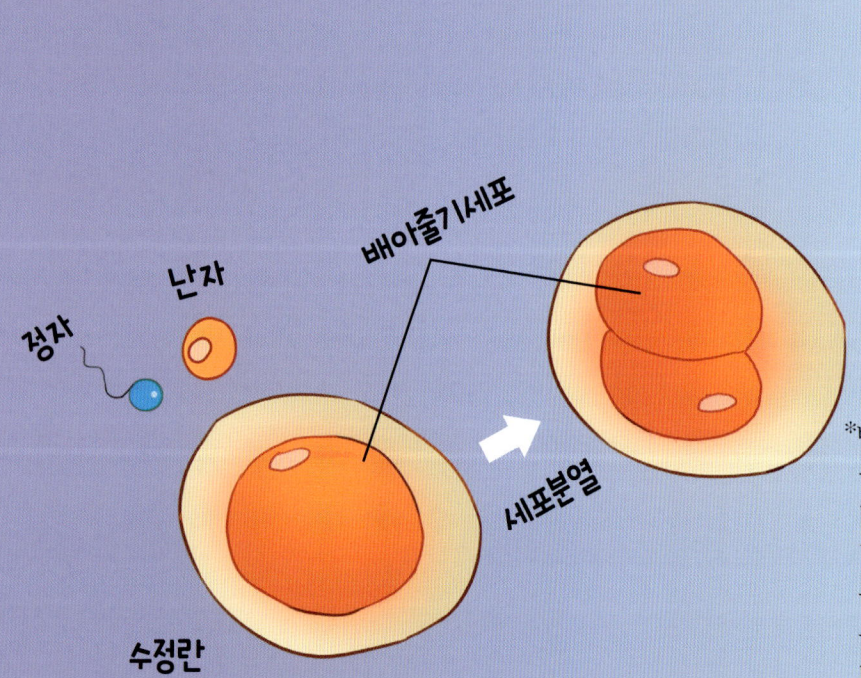

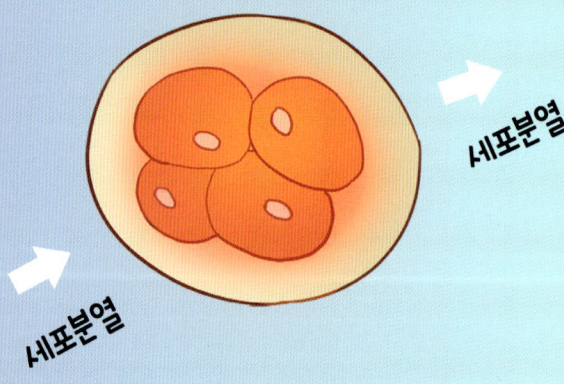

*배아줄기세포들은 자가증식을 하다가 내배엽, 외배엽을 구성하는 세포들로 변신한 후 일정 시기가 되면 뼈, 혈액, 뇌, 근육 등을 구성하는 다양한 세포로 변화해요. 수정란이 분열하면서 일시적으로 존재하며 특정 세포로 분화하기 전의 줄기세포를 '배아줄기세포'라고 해요. 우리 몸의 다양한 조직 및 장기에 존재하는 성체줄기세포도 배아줄기세포로부터 만들어진 거예요.

태아나 어른의 몸에 존재하는 줄기세포는 '**성체줄기세포**'라고 해요. 성체줄기세포들은 특정 신체 부위에 적은 수로 존재하며 일반적으로는 변신할 수 있는 세포의 종류가 많지 않습니다.

예를 들어 신경 조직에 존재하는 성체줄기세포는 신경 조직을 구성하는 몇몇 세포로만 변할 수 있어요.

*각 장기에는 개별 고유 세포와 성체줄기세포가 섞여 있어요.

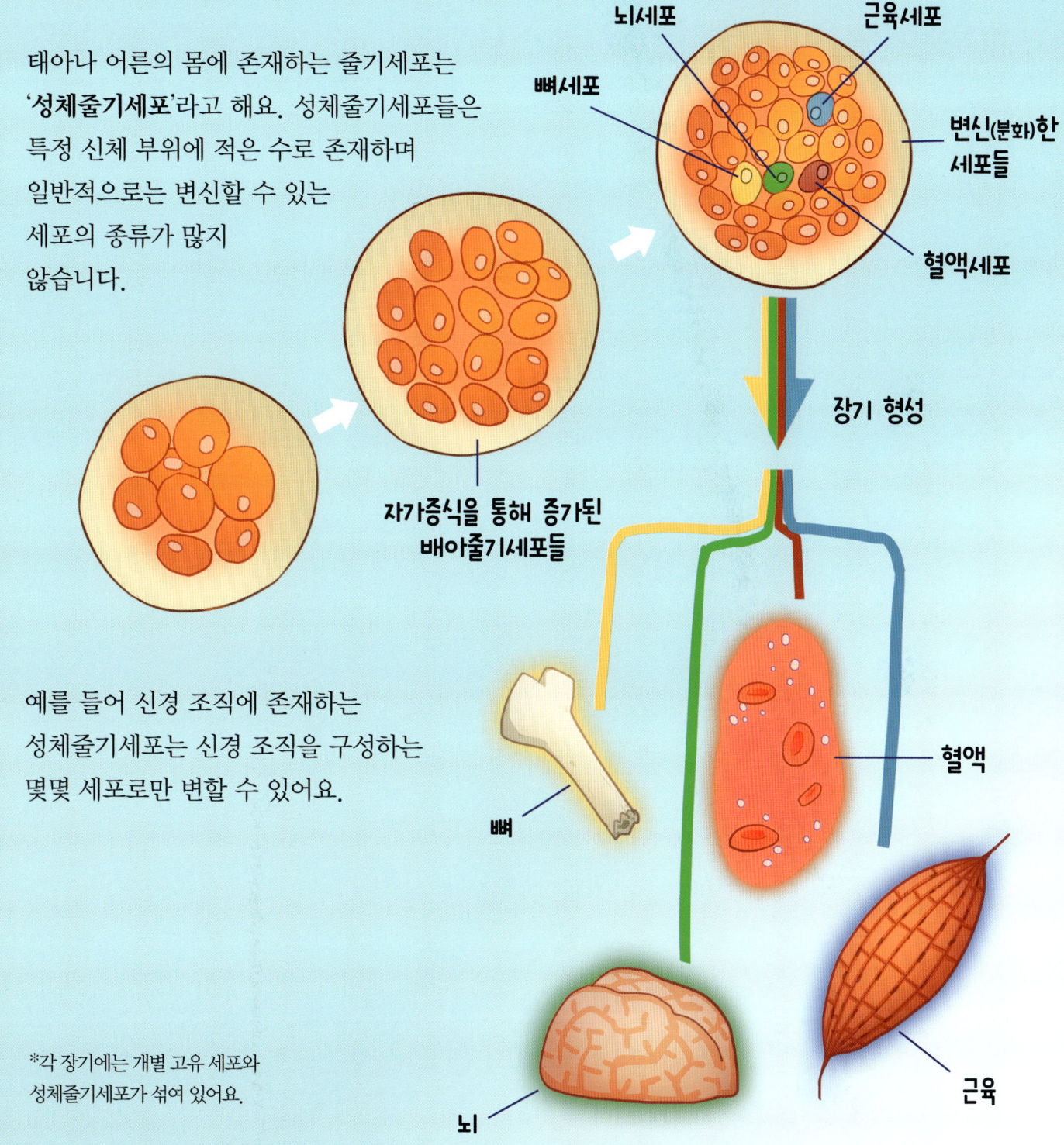

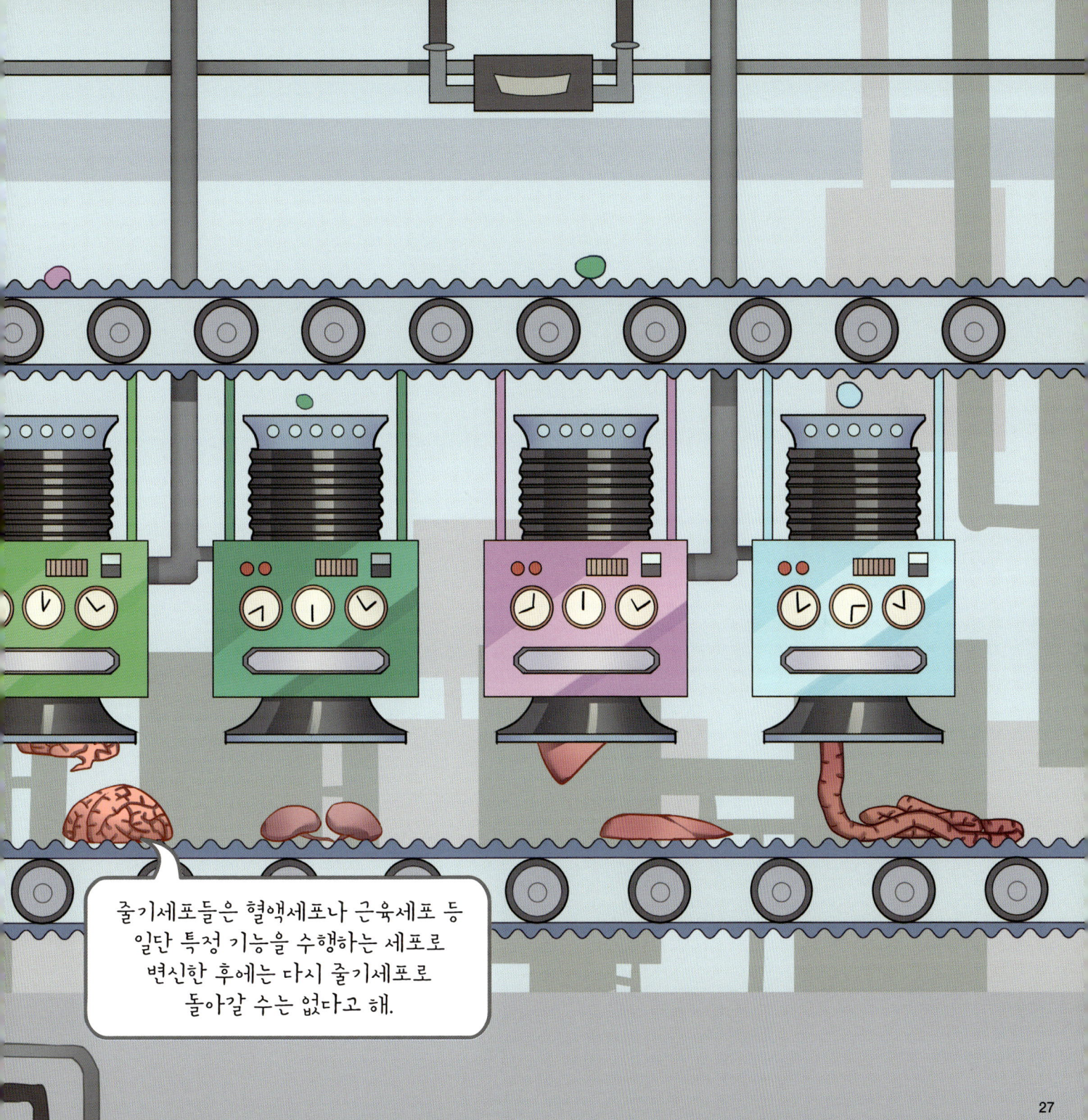

우리 몸의 각각의 세포들은 어떻게 다른 기능을 할까요?
세포를 확대해 보면 세포질 안에는 핵을 비롯한 소기관들이 있어요.
그 가운데 하나인 핵 속에는 한 생명체의 특성을 결정하는 **유전자**를 지닌
염색체가 있어요. 염색체는 사람의 경우 하나의 핵 속에 23쌍이 있어요.
23쌍의 염색체 안에는 대략 2만 개의 유전자가 존재한다고 해요.
유전자들은 **DNA**의 특정 부위에 배열되어 있어요. 이러한 유전자를 포함하는
전체 DNA를 '게놈'이라고 합니다.

현미경으로 관찰한 피부의 모습

유전자는 염색체 안에 있다고?

DNA는 염색체 안에 '히스톤'이라고 부르는 단백질을 감싸는 매듭 형태로 엄청난 길이의 사슬처럼 촘촘히 감겨 있는 모양이에요.

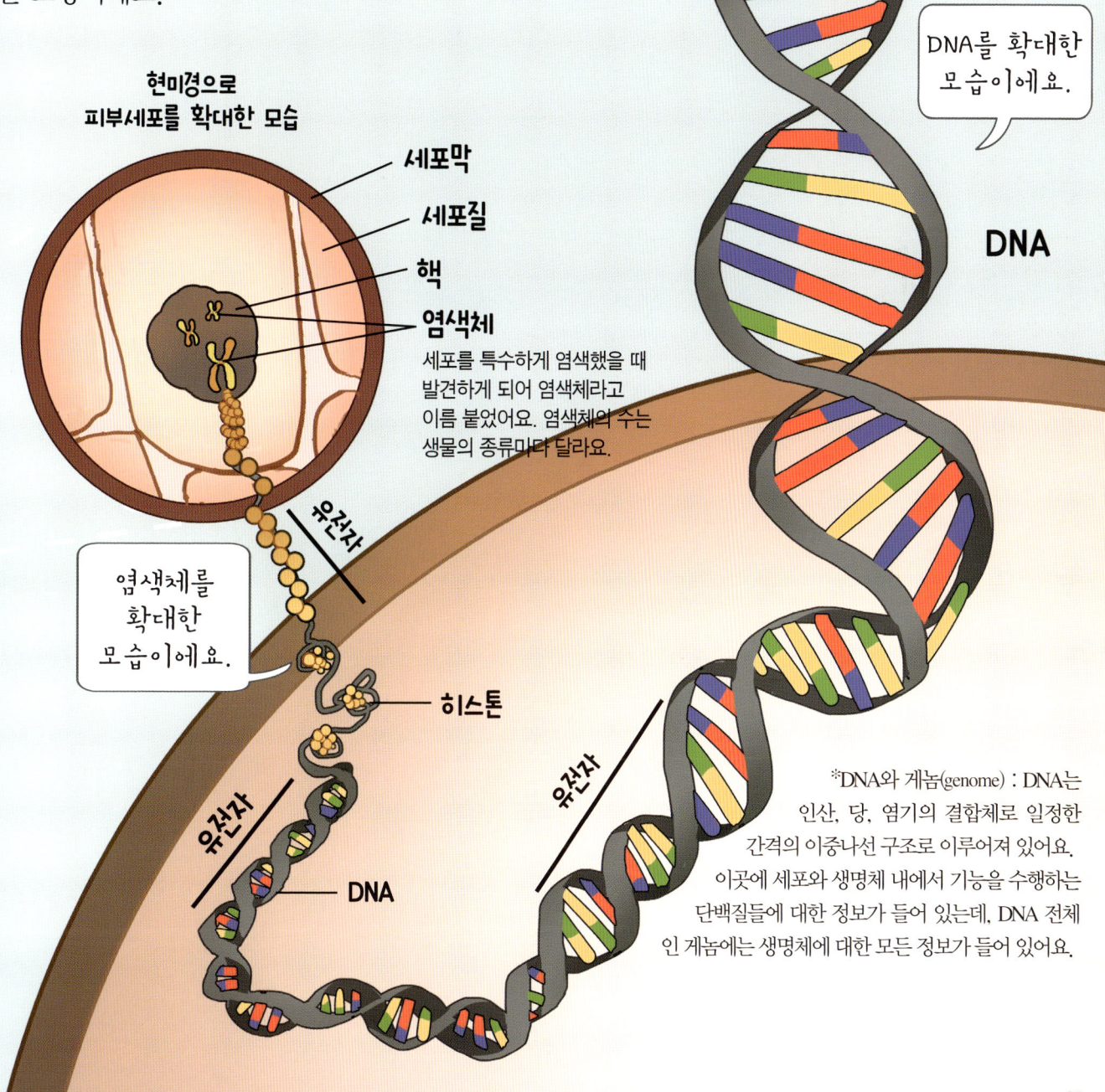

현미경으로 피부세포를 확대한 모습

- 세포막
- 세포질
- 핵
- 염색체: 세포를 특수하게 염색했을 때 발견하게 되어 염색체라고 이름 붙었어요. 염색체의 수는 생물의 종류마다 달라요.

염색체를 확대한 모습이에요.

- 유전자
- 히스톤
- DNA

DNA를 확대한 모습이에요.

DNA

*DNA와 게놈(genome) : DNA는 인산, 당, 염기의 결합체로 일정한 간격의 이중나선 구조로 이루어져 있어요. 이곳에 세포와 생명체 내에서 기능을 수행하는 단백질들에 대한 정보가 들어 있는데, DNA 전체인 게놈에는 생명체에 대한 모든 정보가 들어 있어요.

혈액세포나 피부세포 등 우리 몸의 모든 세포들의 핵 속에 존재하는
염색체들은 모두 같습니다.
돌연변이가 생기지 않는 한, 서로 다른 조직이나 장기에 있는 세포들은 모두
동일한 DNA를 가지고 있어요. 그런데 각각의 조직이나 장기들은
어떻게 각각 저마다 다른 기능을 수행하고 있을까요?

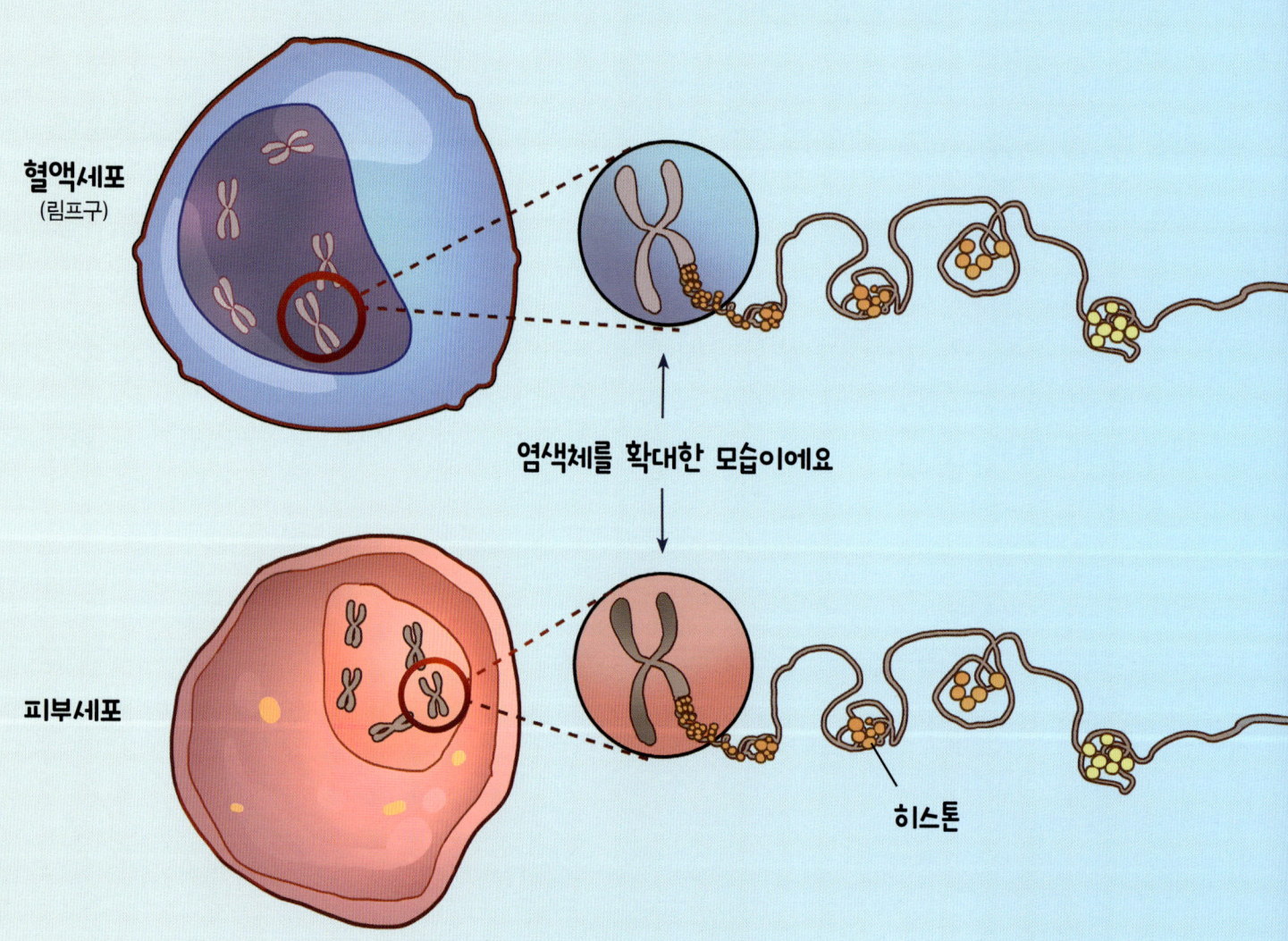

서로 다른 조직과 장기에 있는 세포들은 같은 DNA를 가지고 있지만 자신들의 처한 환경에 따라 필요한 유전 정보를 켜거나(ON) 끄는(OFF) 방식으로(1, 2, 3…처럼) 유전 정보를 선별적으로 조화롭게 해독하여 필요한 단백질을 만들어 냅니다. 이렇게 개별 세포를 만들고 각각의 기능들을 수행하지요.

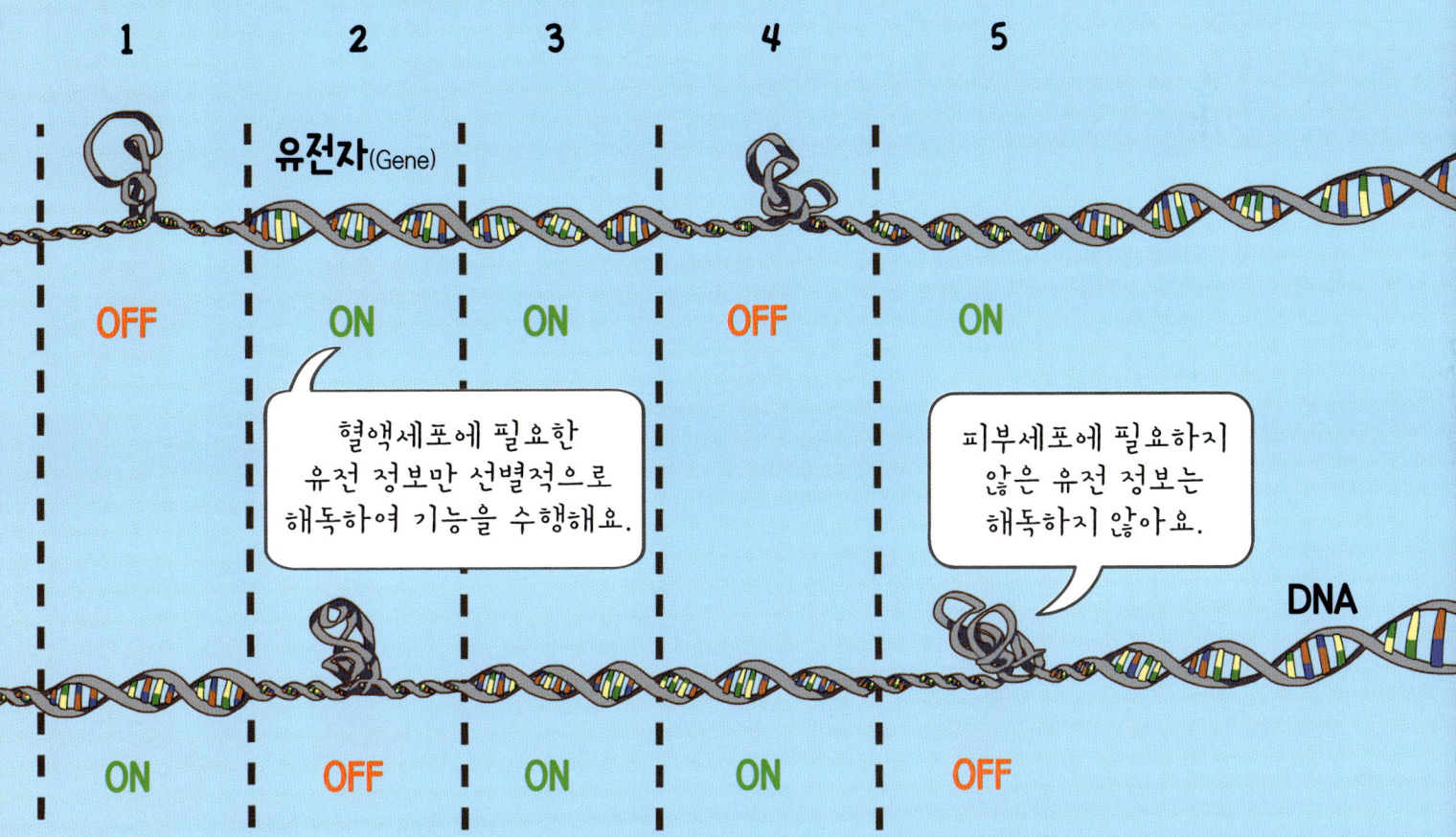

*단백질 : 일반적으로 우리는 단백질을 고기, 생선, 달걀, 콩 등에 들어 있는 영양소로만 생각하기 쉬운데, 우리 몸을 구성하는 근육, 장기, 머리카락 등이 모두 단백질로 구성되어 있어요. 소화효소, 성장인자를 포함하는 수많은 물질들도 단백질이에요. 이러한 단백질은 생명체를 구성하는 세포에서 유전자의 정보가 해독되어 만들어지며 각각 고유의 기능을 수행하게 됩니다.

어떻게 서로 다른 세포들이 하나의 줄기세포에서 만들어졌다는 걸 알 수 있을까요?

해파리는 빛을 내는 발광 단백질을 세포 안에서 만들기 때문에 빛을 낼 수 있어요. 과학자들은 줄기세포에 특이적으로 만들어지는 단백질을 특정한 색으로 빛을 내도록 만들어서 살펴볼 수 있어요. 특정 줄기세포로부터 만들어지는 딸세포들은 동일한 색으로 발광하기 때문에 하나의 줄기세포로부터 만들어졌다는 것을 확인할 수 있습니다.

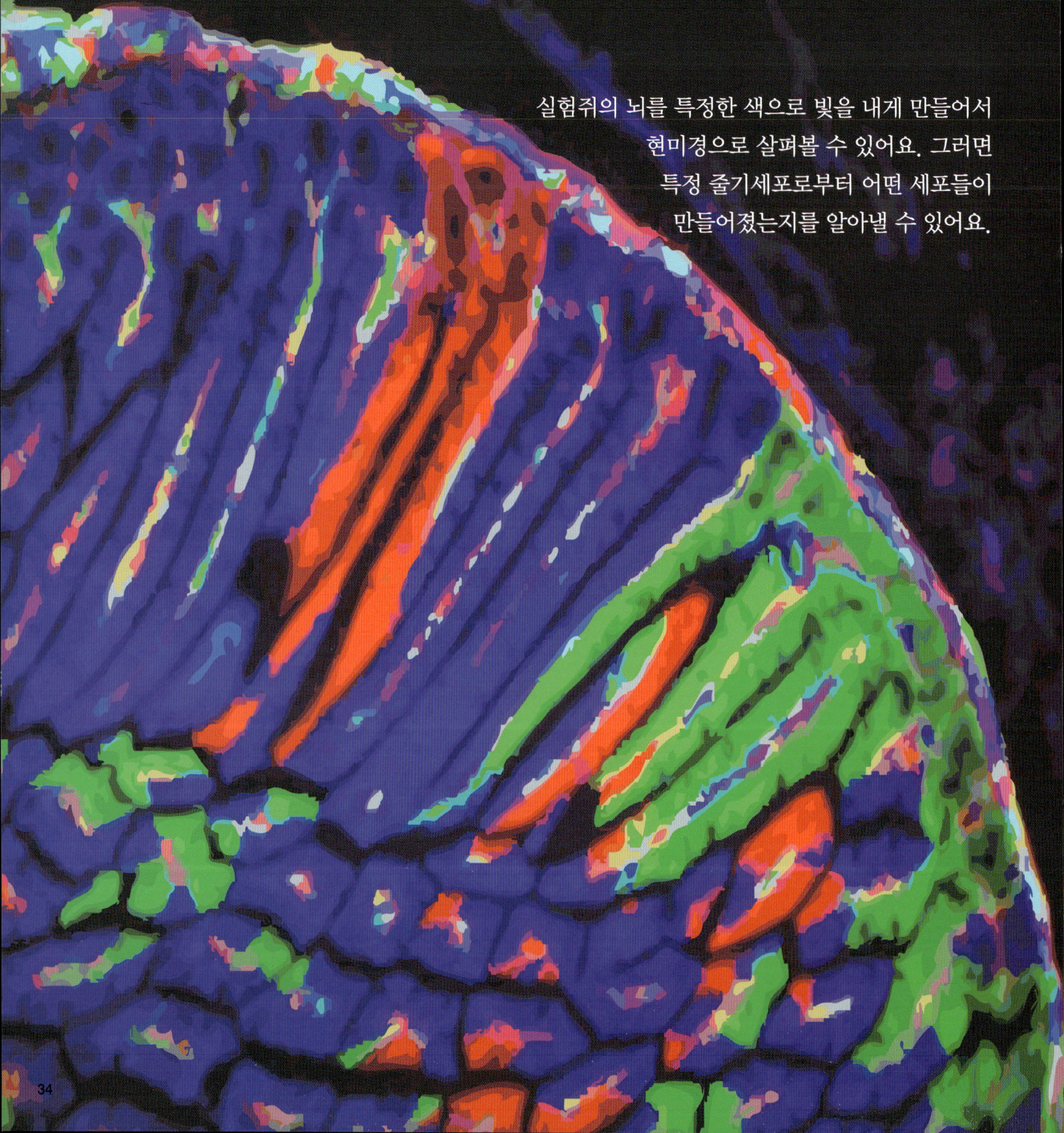

실험쥐의 뇌를 특정한 색으로 빛을 내게 만들어서 현미경으로 살펴볼 수 있어요. 그러면 특정 줄기세포로부터 어떤 세포들이 만들어졌는지를 알아낼 수 있어요.

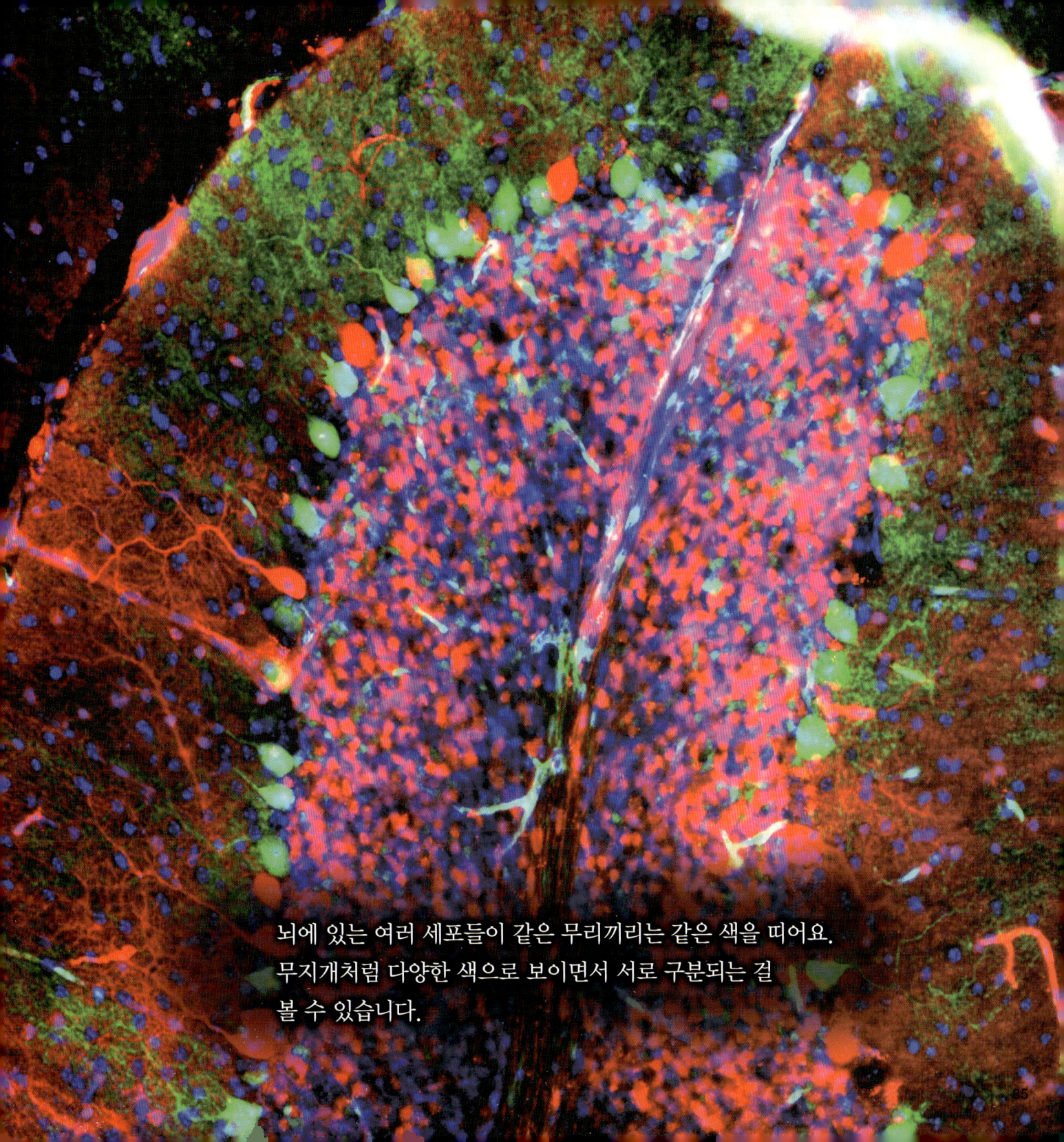

뇌에 있는 여러 세포들이 같은 무리끼리는 같은 색을 띠어요.
무지개처럼 다양한 색으로 보이면서 서로 구분되는 걸
볼 수 있습니다.

혈액줄기세포들은 그때 그때 상황에 따라 우리 몸 안에서 어디로 갈지 알고 있어요. 줄기세포들은 어떤 세포들을 만들지도 잘 알고 있고 얼마나 많이 만들어야 하는지도 잘 알고 있어요.

우리 몸에서 많은 세포들이 만들어지는 데에는
시간이 오래 걸리지 않아요.
하나의 세포는 분열할 때마다
두 배로 증식하지요.

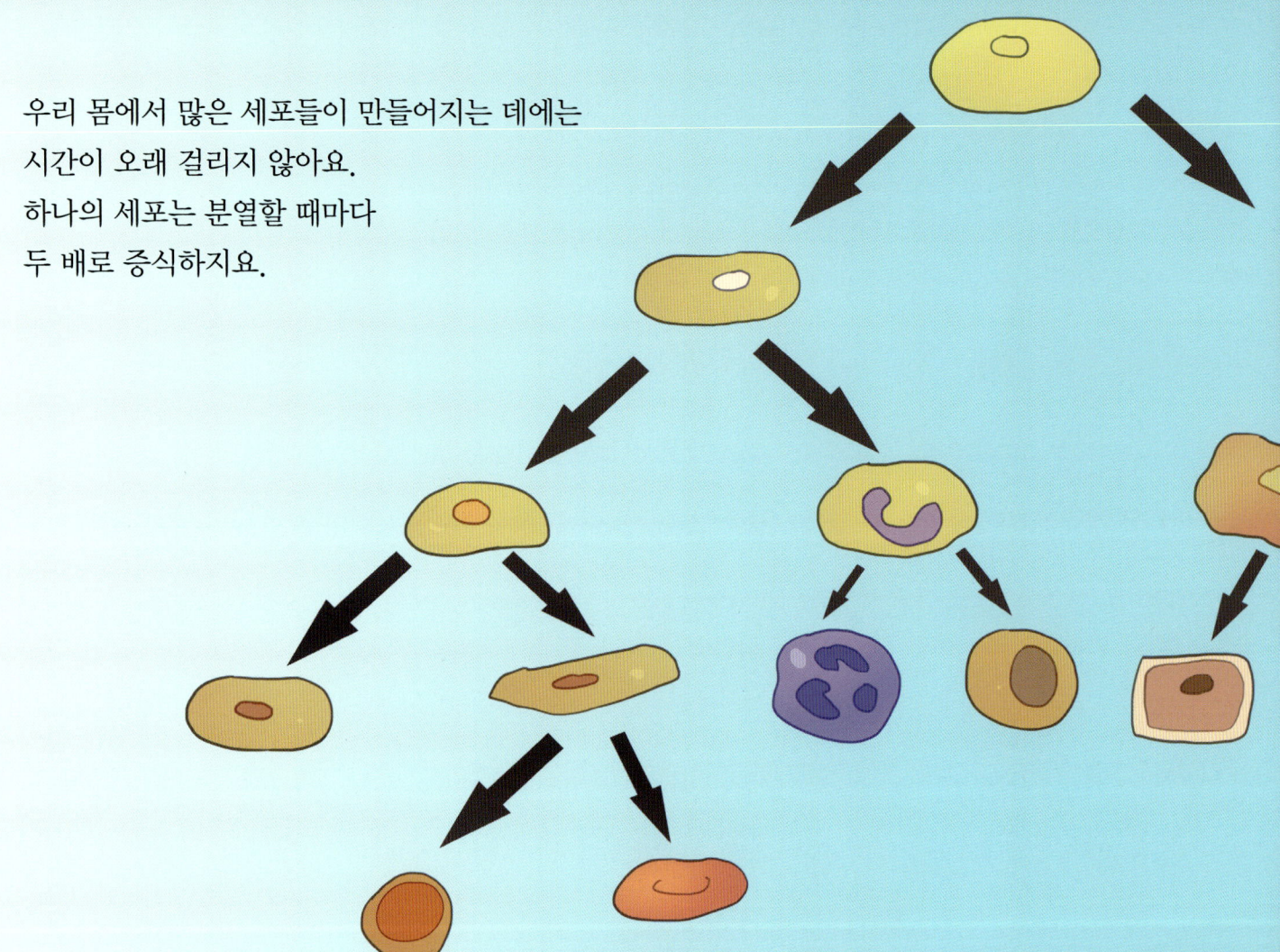

둘, 넷, 여덟, 열여섯······
20번의 **세포분열**이 일어나면······

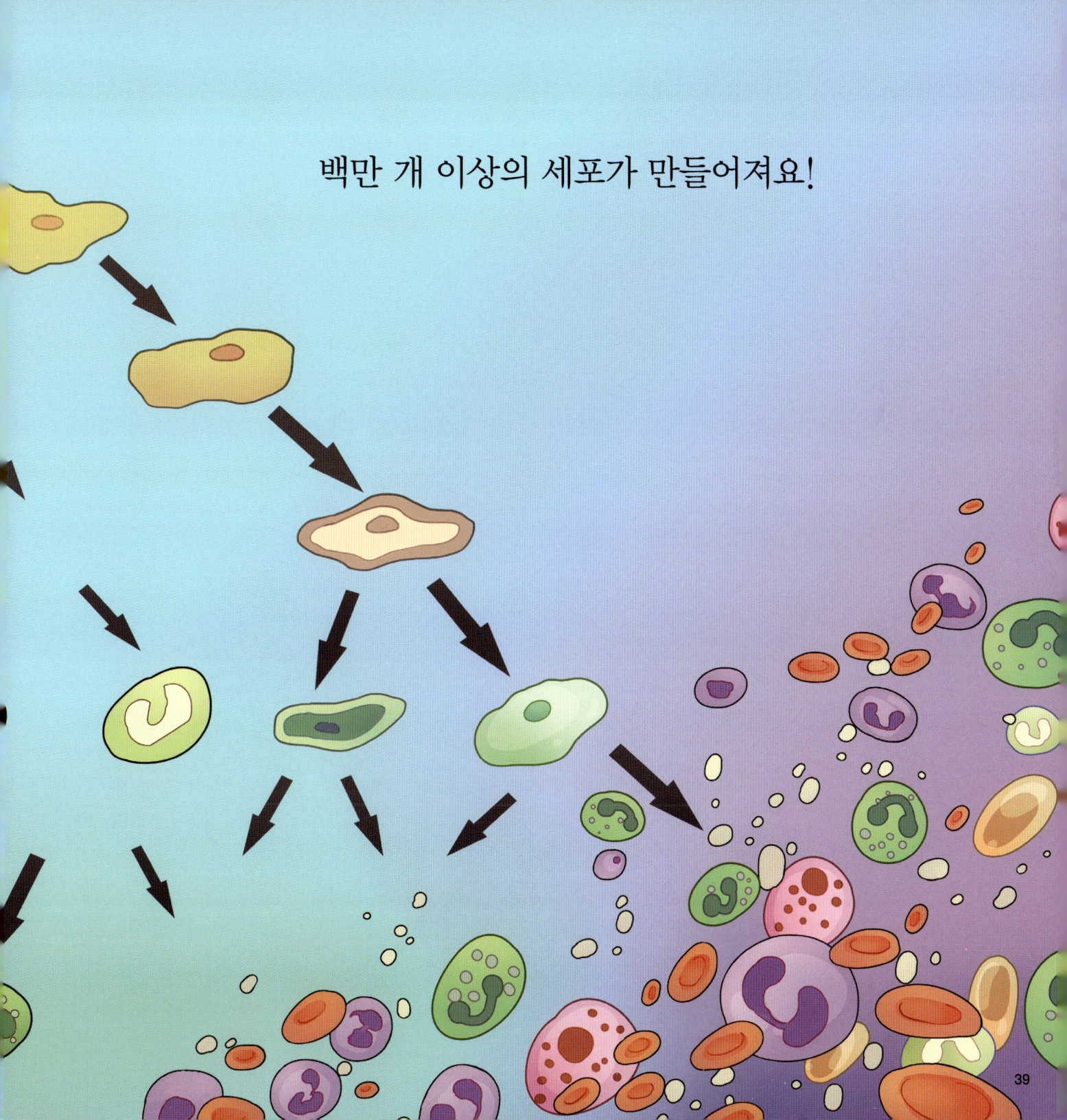

줄기세포를 이용하여 손상된 세포를 치료할 수 있단다. 난치병 치료에도 도움이 될 거야.

과학자들은 배아줄기세포들이 어떻게 혈액줄기세포, 뇌줄기세포, 근육줄기세포 등 우리 몸의 다른 종류의 세포들을 만들어 내는지 연구하고 있어요.

어떻게 배아줄기세포가 여러 기능을 하는 줄기세포들로 변하는지 알게 되면 부상을 당해 우리 몸의 세포가 손상되었을 때 환자들을 치료하는 데에 이용할 수 있을 테니까요.

어떤 동물들은 자신의 줄기세포들로부터 신체 일부를 다시 만들 수 있어요.

사슴은 겨울에 매번 뿔이 떨어져 나가지만 봄이 되면 뿔을 재생하는 줄기세포들이 뿔을 다시 만들지요.

사슴뿔이 자라는 모습이에요.

고양이에게 공격당한 도마뱀은 꼬리를 자르고 도망갈 수 있어요.
도마뱀의 꼬리 줄기세포들은 다시 꼬리를 만들 수 있지요.

생명체에 따라 줄기세포의 재생 능력에 차이가 있기 때문에
손상된 조직과 몸의 일부를 재생하는 능력은 생명체에
따라 크게 차이가 있어요.

불가사리나 도마뱀은 팔이나 꼬리 전체를 다시 만들어 낼 수 있지만, 사람이나 개는 그럴 수 없어요. 상처가 난 피부는 피부줄기세포가 피부세포를 만들어서 회복될 수 있지만 신체의 일부를 다시 만들지는 못해요.

도마뱀아, 우리 강아지 꼬리도 다시 만들어 줄래?

미안하지만 우리 도마뱀의 줄기세포는 도마뱀에서만 작용하거든!

과학자들은 도마뱀처럼 재생 능력이 뛰어난 동물을 연구하여 사람도 그 같은 재생능력을 가질 수 있도록 방법을 찾기 위해 연구하고 있습니다.

동물과 식물은 자신 고유의 줄기세포들을 가지고 있어요. 부상을 당하면 각자 자신의 줄기세포들로 상처를 치유하고 회복하도록 도와요.

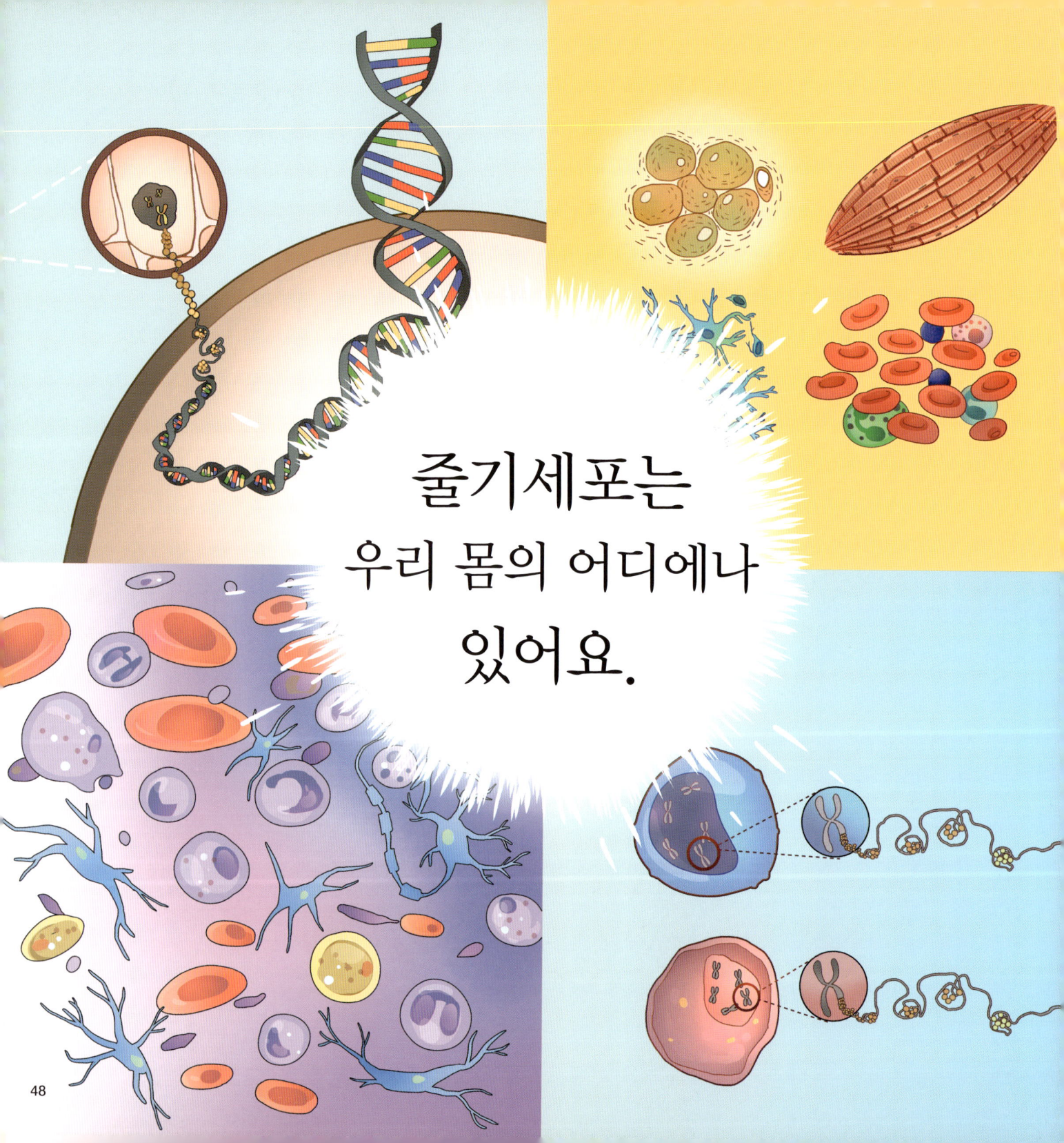

줄기세포는
우리 몸의 어디에나
있어요.

줄기세포의 발견에서 재생의학까지

최강열(연세대학교 생명시스템대학 생명공학과 교수)

무한한 가능성을 지닌 줄기세포

종종 줄기세포는 어린이와 같다는 표현을 쓰게 됩니다. 다시 말해 어른이 되었을 때 의사, 소방관, 회사원, 대통령 등 다양한 직업을 가질 수 있는 잠재력을 지닌 어린이들처럼 줄기세포는 우리 몸을 구성하는 조직 및 장기를 형성하는 세포로 변신할 수 있는 잠재력을 지닌 세포들이기 때문입니다.

'배아줄기세포'와 '성체줄기세포'는 우선 이 같은 잠재력에서 차이가 있습니다. 엄마의 난자와 아빠의 정자가 만나 만들어진 수정란이 세포분열을 통해 여러 개의 세포로 분열하는데, 배아줄기세포는 이 같은 단계에서 일시적으로 존재하는 세포들입니다. 이 배아줄기세포들은 생명체를 구성하는 모든 종류의 세포로 변할 수 있는 잠재력을 가지는 일종의 만능세포 혹은 전능세포라고 생각할 수 있습니다.

배아줄기세포들은 분열하다 일정 시기가 되면 '분화'라는 변신 과정을 거쳐서, 우리 몸을 구성하는 다양한 세포들로 변화하며, '발생'이라는 정교한 과정을 통해서 이들 세포들이 조직 및 장기들을 형성하여 점차 태아가 만들어지는 것입니다. 이렇게 만들어진 생명체의 개별 조직 및 장기에는 독특한 기능을 수행하는 세포들과 함께 배아줄기세포와는 다른 적은 수의 줄기세포들이 존재하는데, 이들이 '성체줄기세포'입니다.

성체줄기세포는 태아뿐만 아니라 어린이, 성인에게도 존재하는 세포들로 아주 적은 수로 특정 조직이나 장기에 존재합니다. 이들 성체줄기세포들은 우리가 살아가면서 기능을 하는 세포들이 오래 되거나 사고 및 질병으로 조직이나 장기가 손상되면 변신하여 이들을 대체하는 역할을 수행합니다. 와이스먼 박사가 처음 밝힌 혈액줄기세포처럼 잠재력 면에서 상대적으로 뛰어난 줄기세포들도 있지만, 일반적인 성체줄기세포는 자신이 존재하는 특정 부위의 조직이나 장기의 세포들로만 변할 수 있습니다.

줄기세포는 의학적으로 매우 중요합니다. 오늘날 과학의 눈부신 발전에도 불구하고 현대의학으로도 치료할 수 없는 질병들이 많이 있습니다. 이들 난치병 혹은 불치병 치료에 대한 가능성을 제공하고 있는 것이 바로 줄기세포를 이용한 '재생의학'입니다.

재생의학과 미래에 대한 전망

줄기세포를 이용하는 데에는 현재로는 수많은 과학적 혹은 기술적 한계가 있습니다. 배아줄기세포와 성체줄기세포는 그 같은 응용 면에서 서로 장점과 단점을 각기 다르게 가지고 있습니다.

성체줄기세포는 골수, 근육, 피부 등 우리 몸의 어디에나 존재합니다. 자신의 줄기세포를 분리해 이용할 수 있기 때문에 면역거부반응이나 윤리적인 면에서 자유롭고, 비교적 안전하여 현재 환자에게 이용되는 경우가 종종 있습니다. 하지만 성체줄기세포는 많지 않기 때문에 찾아내고 분리하는 데 어려움이 있습니다. 또한 이미 언급한 대로 변신할 수 있는 잠재력의 제한 때문에 다양성 있게 이용하는 데에는 한계가 있습니다.

배아줄기세포는 우리 몸의 기능을 수행하는 모든 세포들로 변신할 수 있기 때문에 의학적인 활용도가 높을 것 같지만, 아직까지도 환자 치료에 사용되는 예는 거의 없습니다. 이는 배아줄기세포가 그 성격 면에서 무한히 분열하는 암세포와 비슷한 면이 많기 때문에 이용 면에서 안전성에 문제가 존재합니다. 또한 다른 사람에게 적용하였을 때 면역거부반응이 일어나는 문제를 해결해야 합니다. 또한 하나의 생명체인 배아를 이용해야 하는 점과 배아줄기세포를 얻는 방법에 있어서 인간의 존엄성과 관련된 윤리적인 문제가 발생할 수 있습니다.

이 같은 문제점을 해결하기 위해서 과학자들이 최근 다 자란 성체의 세포를 이용하여 배아줄기세포와 비슷한 성격을 지니는 '유도만능줄기세포'를 만들었습니다. 자신의 세포를 사용할 수 있기 때문에 면역거부반응이 없으며, 배아를 이용하는 데에 따른 윤리적인 문제를 배제할 수 있어 혁신적인 방법으로 생각되고 있으나, 만들어진 세포가 자연계에서 만들어지는 배아줄기세포와는 완전히 같지 않고 여전히 안전성 면에서 입증되지 않아 일반적으로 배아줄기세포를 실제 환자에 적용하기에는 한동안 힘들 전망입니다.

편역을 마치며

지난 10년간 미래창조과학부와 한국연구재단에서 주관하는 '금요일의 과학터치', 한국분자세포생물학회에서 개최하는 '경암바이오유스캠프', 'YTN 사과나무' 같은 어린이, 중고등학생, 일반인 대상 강연 등을 통해 우리 어린이들이 줄기세포에 대해 얼마나 관심이 많은지 알게 되었습니다.

몇 년 전 중고등학생을 위한 《줄기세포 발견에서 재생의학까지》를 편역한 인연으로 다시 어린이를 위한 《줄기세포는 우리 몸 어디에나 있다》를 편역하게 되었습니다. 그림이 대부분이고, 아주 간단하게 서술되어 쉽게 우리말로 옮길 수는 있었으나 과거 일반인을 대상으로 했던 저술처럼 심지어는 더 생각을 해야 했습니다. 원서 자체가 어린이를 대상으로 하다 보니 아주 간단하게 이해하기 쉽게 초점을 맞춰 이를 자세하게 설명하면 오히려 혼동을 유발하거나 많은 지면을 할애해야 하는 등 어려움이 느껴졌습니다. 본 편역서에서는 특정 부문에서 지면을 활용하여 이해를 돕기 위한 설명을 하였고, 원서에서는 크게 차이를 두지 않고 설명되어 있으나, 줄기세포를 이해하거나 재생의학 등의 응용 면에서 매우 중요한 배아줄기세포와 성체줄기세포의 차이를 구분하여 설명하고자 노력하였습니다. 또한 세포 종류나 세포가 처한 장기 및 환경의 차이에 따라 결정되는 개별 유전자 해독 여부에 대한 개념을 ON, OFF 개념을 통해 이해시키고자 노력하였습니다. 이 책이 완성되기까지 편집을 담당해 준 다섯수레에 감사를 드리는 바입니다.

끝으로 이 책을 통해 줄기세포와 같이 무한한 잠재력을 지닌 우리 어린이들의 호기심을 유발하는 데 도움이 되었으면 합니다.

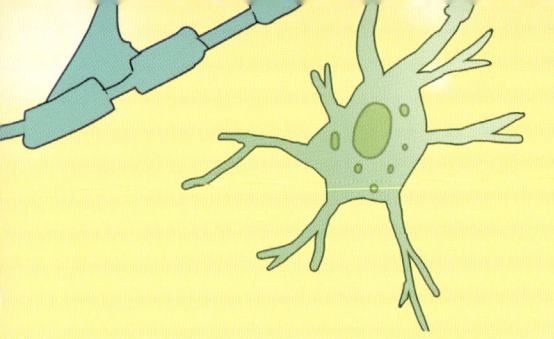
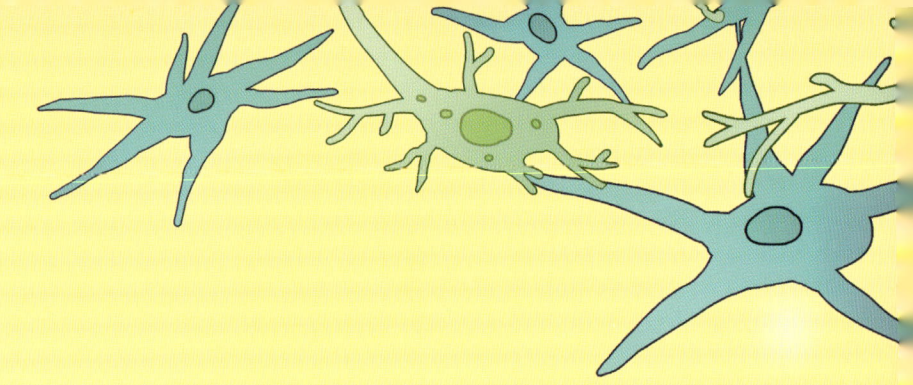

알고 있나요?

세포
세포는 생명체를 구성하는 기본 단위 개체들이에요. 세포는 핵과 세포질로 구분되고, 핵 속에는 DNA를 품고 있는 염색체가 있습니다. 핵을 둘러싸고 있는 세포질에도 에너지를 만들거나 물질 이동을 결정하는 기능, 독성을 배출하는 기능 등 다양한 역할을 수행하는 작은 구조물(소기관)들이 있습니다. 예를 들면 미토콘드리아, 리보솜, 골지체 등이 해당되지요. 세포를 둘러싸고 있는 바깥 막은 세포를 보호하고 세포 사이의 물질 이동과 세포 밖의 각종 환경 변화를 감지하여 세포 속으로 전달하는 다양한 역할을 수행합니다.

배아
남자의 정자와 여자의 난자가 만나서 수정란이 만들어진 뒤 첫번째 세포분열을 시작한 때부터 태아가 되기 전까지는 '배아'라고 합니다. 사람의 경우 임신 8주 이전까지를 말해요.

줄기세포
줄기세포는 배아줄기세포와 성체줄기세포로 구분할 수 있습니다. 배아줄기세포는 배아에 존재하는 줄기세포로 모든 신체 조직을 구성하는 세포로 분화할 수 있는 능력을 가진 세포이고, 성체줄기세포는 모든 신체 조직으로 분화할 수는 없지만 특정 조직 및 장기에 존재하다 필요시 관련된 몇몇 조직이나 장기로 분화할 수 있는 세포입니다.

분화
줄기세포들은 분열하며 필요할 때 변신하는 과정을 거쳐서 다른 종류의 기능을 수행하는 세포들로 변화하는 데 이 과정을 '분화'라고 합니다. 분화된 세포들은 더욱 분열하고 변화하여 최종적으로 우리 몸의 조직이나 장기를 구성하고 혈액의 적혈구, 림프세포(림프구)와 같은 기능을 수행하는 세포들이 되지요.

DNA

DNA는 생명체에 대한 유전 정보를 가지는 물질입니다. 전체 DNA에는 우리 몸에서 기능을 수행하는 물질들인 단백질에 대한 개별 정보를 지니고 있는 유전자가 있는데 필요시 선택적으로 유전 정보를 해독하여 세포와 생명체를 구성하고 기능을 수행하는 단백질을 만들어요. DNA는 세포가 증식할 때 자기복제를 하는 특별한 능력을 가지고 있어서 엄마 아빠의 DNA를 정확하게 자녀에게 전달하지요. DNA는 이중나선 모양으로 아주 기다란 끈 같은 형태이며, '히스톤'이라는 단백질들을 촘촘하게 감싸는 코일 형태로 세포 핵 속에 있는 23쌍의 염색체에 존재해요.

재생

염증이 나거나 상처가 생긴 피부에 새로운 살이 돋고 금이 간 뼈가 다시 붙으며 수술 뒤 몸이 회복되는 것은 우리 몸의 줄기세포가 오래된 세포나 손상을 입은 세포들을 대체하거나 수리하기 위해서 끊임없이 새로운 세포들을 만들기 때문입니다. 줄기세포는 뼈, 혈액, 근육, 피부, 뇌 등에 존재합니다.

골수줄기세포

골수는 골반 뼈와 같은 커다란 뼈들의 중심에 존재하는 액체 상태의 조직입니다. 골수 속에 존재하는 골수줄기세포는 산소를 나르는 적혈구, 우리 몸에 침입한 병원균을 막아 내는 백혈구, 혈액 응고에 관여하는 혈소판 등 혈액세포를 형성하는 세포입니다. 골수이식을 통해 환자에게 건강한 세포를 이식하여 질병을 치료할 수 있습니다.

찾아보기

ㄱ
골수 14, 53
골격근 16, 26
게놈 28, 29

ㄴ
난자 24

ㄷ
단백질 29, 31
대식세포 14

ㄸ
딸세포 22

ㄹ
림프구 14, 30

ㅁ
마크로파아지 14
모노사이트 14
모세포 22

ㅂ
배아줄기세포 24, 25, 40, 41
백혈구 14
분화 25, 52

ㅅ
수정란 24
성체줄기세포 24, 25
세포분열 24, 38

ㅇ
염색체 28, 29, 30
유전자 28, 29, 31

ㅈ
자가증식 22, 23, 25
적혈구 14
정자 24

ㅎ
혈소판 14
히스톤 29, 30

작가 소개

글쓴이 어빙 와이스먼(Irving L. Weissman, MD)

스탠퍼드대학교의 줄기세포생물학 재생의학연구소의 소장이며, 임상 암 연구 및 발생생물학 분야의
석좌교수입니다. 와이스먼 박사는 줄기세포 분야의 석학으로, 800편의 논문을 발표하였습니다.
고등학교 시절에 수행한 실험들 덕분에 현재 관련 분야에서 선구적인 연구자가 될 수 있었다고 합니다.
스탠퍼드대학교의 그의 연구 그룹은 우리 몸의 면역시스템을 구성하는 혈액의 줄기세포들을 최초로
분리하였습니다. 이 같은 혈액 줄기세포들을 분리 정제하는 데에 성공함으로써 그의 연구 그룹은
조직 재생과 손상 입은 장기를 자기 자신의 줄기세포를 이용하여 재생 및 대체할 수 있음을 제시하여,
오늘날 다른 장기의 조직줄기세포들의 발견과 재생의학 분야의 발전에 크게 기여하였습니다.

편역자 최강열

연세대학교 생명시스템대학 생명공학과 교수이며, 연세대학교 언더우드 특훈교수로서
선도연구센터(ERC)인 단백질기능제어이행연구센터 소장입니다. 1993년 미국 퍼듀대학에서
박사 학위를 받았으며, 하버드의과대학 생화학분자약리학과에서 박사 후 연구를 수행하였습니다.
현재 세포신호전달 연구와 함께 저분자화합물과 펩타이드를 이용한 성체줄기세포 활성화를 통한
상처치료제, 발모제, 뼈 재생을 유도하는 치료제 개발 연구를 수행하고 있습니다.
이를 통해 국가연구개발성과 100선(2회), 한국연구재단 우수성과 50선(2회), 연세대학술상,
한국생화학분자생물학회 디아이학술상을 포함하여 많은 상을 수상했습니다.
청소년 대상 생명공학 지침서인 《MT(Map of Teens) 생명공학》을 저술하였고, 《줄기세포 발견에서
재생의학까지》를 편역하였습니다. 교육과학기술부와 한국연구재단, YTN, 한국분자세포생물학회에서
주관하는 경암바이오유스캠프 등 각종 줄기세포 강연프로그램들을 통해 일반인과
청소년들을 만나고 있습니다.

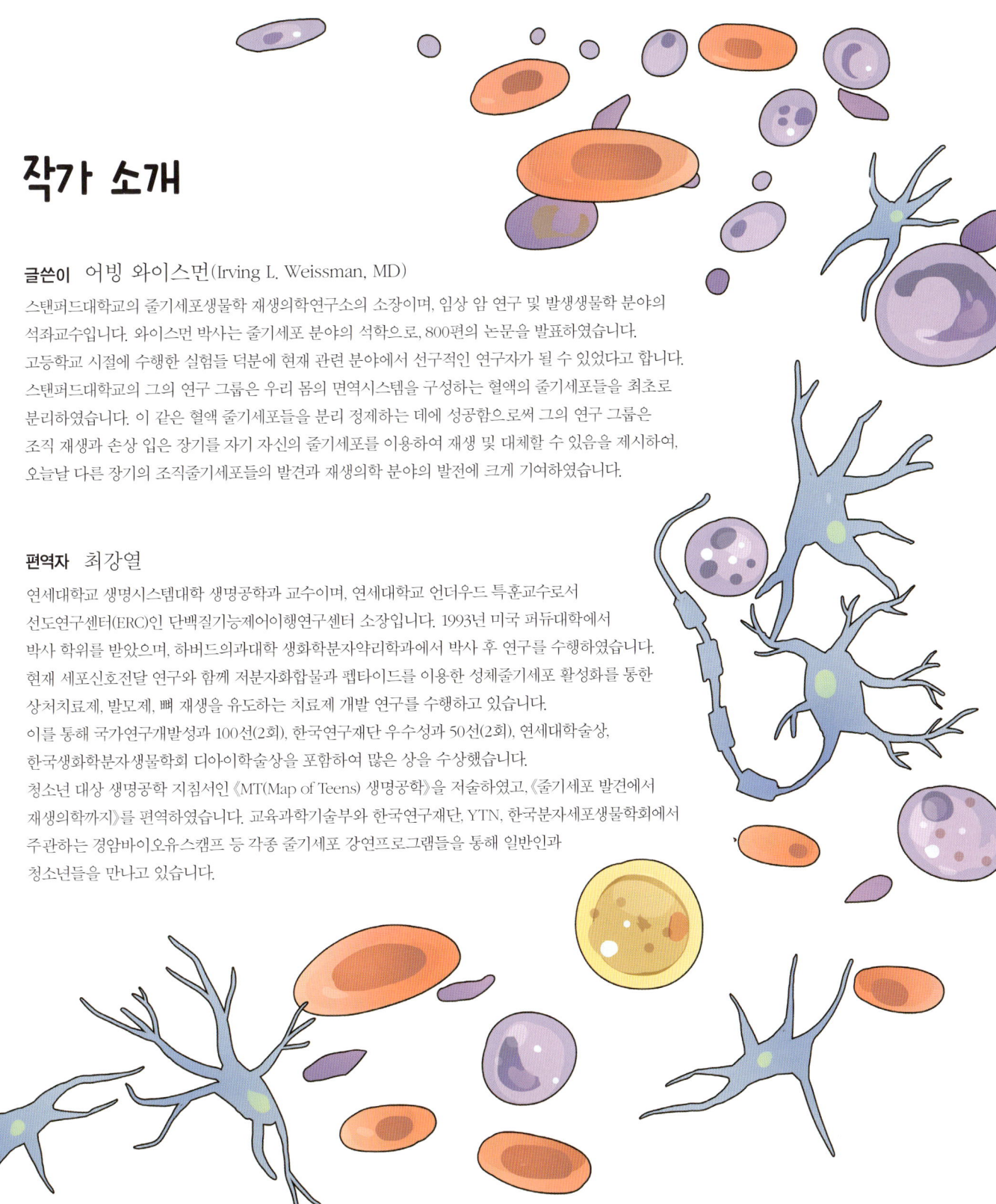

우리 몸을 만드는 줄기세포 이야기
줄기세포는 우리 몸 어디에나 있다!

처음 찍은 날 | 2017년 2월 10일
처음 펴낸 날 | 2017년 2월 15일

글 | 어빙 와이스먼
그림 | 버나스 몬테이스, 유유친
편역 | 최강열

펴낸이 | 김태진
펴낸곳 | 다섯수레

기획편집 | 김경희, 조주영　디자인 | 이영아
마케팅 | 이상연, 이송희　제작관리 | 송정선

등록번호 | 제3-213호 등록일자 | 1988년 10월 13일
주소 | 경기도 파주시 광인사길 193(문발동) (우 10881)
전화 | (02) 3142-6611(서울사무소)
팩스 | (02) 3142-6615
홈페이지 | www.daseossure.co.kr
인쇄 | (주)로얄 프로세스

ⓒ 다섯수레, 2017

ISBN 978-89-7478-409-6 73470